ITER · ÍCARÍ

WILLIAM J SIMPSON

Īcarō meō cui volāre placet

meaeque Clārae futūrae

Prīma Ēditiō

CAPITVLVM PRÍMVM

Errāre hūmānum est — Lūcius Annaeus Seneca

Est rēx nōmine Mīnos. Mīnos est rēx Crētae. Crēta est īnsula graeca in marī Mediterraneō. Nōmen uxōrī Mīnōis est Pāsiphaē. Pāsiphaē est rēgīna Crētae. Pāsiphaē filium habet. Sed hic filius nōn est filius Mīnōis. Is est filius nūllīus hominis. Fīlius Pāsiphaēs est mōnstrum. Hic puer, Asterius nōmine, nōn ut homō sed ut taurus est. Ergō is Mīnōtaurus vocātur.

Mīnos uxōrem suam amat, sed filium Pāsiphaēs nōn amat. Mīnos Mīnōtaurum timet et mōnstrum capere vult. Rēx servō suō dīcit, "Nōlō Mīnōtaurum interficere, volō sōlum eum capere. Invenī mihi virum summā intelligentiā quī Mīnōtaurum capere possit."

Servus rēgī respondet, "Est vir nōmine Daedalus. Daedalus vir summā intelligentiā est. Is maximus sculptor architectusque Athēnīs est. Daedalus Mīnōtaurum capere potest."

"Affer ad mē illum Daedalum," dīcit rēx. "Cito."

Servus Daedalum tandem invenit et eī dīcit, "Venī mēcum. Mīnos, rēx Crētae, tē quaerit."

"Cūr rēx mē quaerit?" rogat Daedalus.

Servus dīcit, "Quia tū vir summā intelligentiā es. Tū maximus inventor Athēnīs es. Venī mēcum et adiuvā rēgem meum."

Daedalus laetus est. Is rēgem adiuvāre vult. Daedalus fīliō suō, nōmine Īcarō, dīcit, "Venī. Nōs rēgem Crētae adiuvāre dēbēmus." Īcarus laetissimus est. Puer rēgem Crētae vidēre vult.

Servus Daedalum Īcarumque ad rēgem affert. Vir et puer ad rēgem appropinquant. Mīnos Daedalō dīcit, "Tū es vir summā intelligentiā. Adiuvā mē, quaesō. Fac mihi labyrinthum."

Daedalus cōnfūsus est. "Quārē labyrinthum faciō? Nōn intellegō."

Rēx respondet, "Nōlī quaerere. Tū nōn dēbēs scīre. *Sēcrētum est.*"

Daedalus cito labōrat et labyrinthum rēgī facit. Mīnos mox Mīnōtaurum capit et in labyrinthō cūstōdit, sed rēx nōn est laetus. Mīnos servō suō dīcit, "Daedalus Īcarusque sēcrētum labyrinthī sciunt. *Nōn līberī esse dēbeunt.* Affer virum fīliumque ēius ad mē."

Servus Daedalum Īcarumque ad rēgem iterum affert. Mīnos virum puerumque capit et in turre magnā cūstōdit. Daedalus trīstissimus est. Sed Daedalus est vir magnā intelligentiā. Inventor cito cōgitat. Multās pennās in turre videt. "Ego *ālās* facere possum! Nōs līberāre possum!" Daedalus ālās cito facit. Nunc vir puerque ē turre, ab īnsulā, volāre possunt. Daedalus fīliō dīcit, "Habēmus ālās. Nunc līberī sumus! Nōlī timēre. Cavē autem, mī fīlī: *Nōlī prope sōlem volāre.*" Īcarus intellegit.

Daedalus Īcarusque ē turre in caelum cito volant. Īcarus laetissimus est quod līber est et quod ab īnsulā volāre potest. Eī placet volāre. Sed Īcarus est puer summā audāciā cōnfidentiāque. Is nihil timet. Puer cito volat et altissimē in caelum ascendit. Daedalus fīliō suō clāmat, "Nōlī prope sōlem volāre, fīlī!"

Īcarus autem patrem suum nōn audit. Mox prope sōlem ascendit et nōn potest volāre. Nihil sed lūcem clāram sōlis vidēre potest. Īcarus cōnfūsus est. Puer timefactus patrem suum videt et vocat, "Adiuvā mē, pater!" Daedalus autem fīlium suum adiuvāre nōn potest. Īcarus cito in mare dēscendit.

"*Mī fīlī!*" vocat Daedalus trīstissimus.

CAPITVLVM SECVNDVM

Ō tempora, ō mōrēs — Mārcus Tullius Cicerō

Mīlibus post annōrum, est puella americāna nōmine Clāra. Septendecim annōs nāta est. Clāra puella intelligēns est. Eī placent linguae antīquae, historia, gēographia et populī antīquī. Clāra multōs amīcōs nōn habet, sed ūnam bonam amīcam nōmine Jennifer habet.

Pater Clārae professor linguārum antīquārum est. Is in ūniversitāte magnā labōrat. Māter Clārae archaeologa est. Ea in mūsēō labōrat. Clāra habitat in parvum oppidum prope Miamiam, in Flōridā, cum patre suō. Māter autem Clārae in Nasburgō, in Tennesiā, habitat. Clāra nec frātrem nec sorōrem habet.

Quōdam diē, Clāra in lītore ambulat cum amīcā suā Jennifer. Est octāva hōra ante meridiem. Clāra et Jennifer saepe in lītore māne ambulant. Sunt paucī aliī hominēs in lītore hodiē. Clāra et Jennifer lentē ambulant. Puellae laetae loquuntur rīdentque.

Dum amīcae in lītore laetē ambulant, Jennifer puerum dormientem iuxtā mare videt. Jennifer rīdēns, "Ecce!" amīcae suae clāmat.

Clāra puerum dormientem videt et rīdet.

Jennifer puerum dormientem spectat et rīdet, "Et ecce vestīmenta!"

Clāra puerum iterum spectat. Ille quīndecim aut sēdecim annōs nātus est. Puer dormiēns placidē murmurat. Clāra puerum murmurāntem audit et lentē appropinquat. Puer dormiēns graecē, "*Adiuvā mē... Adiuvā mē....*" murmurat. Puella cōnfūsa verba graeca antīqua audit et intellegit. Clāra iterum approprinquat. Ea puerum adiuvāre vult, sed amīca sua īrāta est. Jennifer stupefacta Clārae clāmat, "Quid facis, Clāra?! Is nōn est amīcus! Is puer *in lītore dormiēns* est!"

Clāra amīcae suae respondet, "Hic puer nōn est similis aliīs puerīs. Is *graecē* loquitur!"

Puer dormiēns puellās clāmantēs audit et oculōs lentē aperit. Is cōnfūsus est. "Ubi sum?" quaerit puer graecē. "Ubi est pater meus?"

Clāra puerum cōnfūsum vix intellegit et eī graecē respondet, "Nōmen mihi est Clāra. Ego sum amīca. Volō tē adiuvāre. Intellegisne?"

"Intellegō," respondet puer lentē.

"Nōlī timēre. Venī mēcum," eī dīcit Clāra. "Ego possum tē adiuvāre."

Puer cōnfūsus lentē surgit et circumspicit.

"Quidnam facis?!" clāmat Jennifer iterum.

"Nōs dēbēmus hunc puerum adiuvāre!" respondet Clāra. "Quis in Miamiā *graecam antīquam* intellegit?! Meus pater graecē bene loquitur. Is adiuvāre potest."

Puer lentē surgit.

Clāra placidē, "Venī mēcum. Nōlī timēre," iterum puerō cōnfūsō dīcit.

Clāra manum placidē extendit. Puer puellam benevolam spectat et lentē in lītore ambulat cum puellīs.

Clāra puerō dīcit, "Haec est raeda mea."

Puer cōnfūsus raedam spectat et rogat, "Sed ubi sunt *equī*?"

Clāra rīdet et respondet, "Nōn sunt equī! Venī, ascende!"

Puer lentē circumspicit. Omnia aliēna sunt — raedae, viae, vestīmenta, linguae, domūs. Puer in raedam ascendit. Clāra et Jennifer cito loquuntur. Puer puellās nōn intellegit, sed amīca Clārae ēvidenter īrātissima est.

Clāra raedam per oppidum cito agit. Puer stupefactus oppidum ē raedā spectat. Hoc *nōn* est oppidum graecum.

Domus Clārae est in parvā īnsulā prope lītus. Sunt quattuor aut quīnque aliae domūs in īnsulā. Est hortus parvus iuxtā domum Clārae. In hortō sunt duae arborēs magnae. Puellae puerque dēscendunt, et canis Clārae ad puerum currit. "Nōlī timēre!" dīcit Clāra. "Is tē amat!"

Puellae puerque domum intrant. Puer multa aliēna videt.

"Quid vīs edere?" quaerit Clāra.

"Habēsne pānem et aquam?" respondet puer.

Clāra circumspicit et trīstē puerō dīcit, "Nōn habēmus pānem." Puella amīcae suae murmurat, "Adiuvā mē, Jennifer. Puer edere vult." Jennifer īrāta pastillum hamburgēnse et patātās frīctās in frīgidāriō invenit.

"Ecce!" dīcit Clāra. Puer grātiās agit et in sellā cōnsīdit. Pastillum et patātās cito edit.

Clāra puerō dīcit, "Pater meus mox domum venit. Is est professor. Tē adiuvāre potest."

Jennifer nōn est laeta. Ea nōn intellegit, et Clārae īrātē murmurat, "Quārē hunc puerum adiuvās?! Tū etiam *nōmen* ēius nēscīs!"

Clāra puerō quaerit, "Quid est nōmen tibi?"

Puer puellās spectat et eīs respondet, "Īcarus."

CAPITVLVM TERTIVM

Esse quam vidērī — Mārcus Tullius Cicerō

Clāra et Īcarus loquuntur. Jennifer īrāta nihil dīcit. Clāra puerō tēlevīsōrium dēmōnstrat. Īcarus tēlevīsiōnem spectat sed māchinam magicam nōn intellegit. Clāra vestīmenta americāna, vestīmenta patris suī, Īcarō dat. Puer grātiās agit.

Multīs post hōrīs, pater Clārae domum venit. Iānuam aperit et puellīs clāmat, "Salvēte, puellae!"

"Salvē, pater!" clāmat Clāra.

"Quid agitis?" rogat pater Clārae.

"Bene!" respondet Clāra.

"Habēmus novum amīcum," dīcit Jennifer. "Eum *in lītore dormientem* invēnimus."

"Quidnam?!" respondet vir stupefactus.

Clāra, *"Ssst!"* amīcae suae murmurat.

Jennifer *"Bonam fortūnam!"* Clārae murmurat. Deinde "Valēte!" clāmat et domum cito currit.

Pater Clārae ad puerum appropinquat. Clāra patrī dīcit, "Hic... est novus amīcus meus." Pater Clārae puerum spectat, "Quī *in lītore* dormit?"

"*Sīc*, sed..." respondet Clāra. Pater puellae īrātus est. Clāra eī dīcit, "Pater, is *graecē* loquitur." Clāra puerō dīcit, "Hic est pater meus. Is quoque graecē loquitur. Bene graecē loquitur."

Puer virō, "Salvē!" graecē dīcit. Nunc pater Clārae cōnfūsus est. Ā puerō graecē quaerit, "Cūr tū in lītore dormīs? Dormīsne *saepe* in lītore?"

"Nēsciō..." respondet puer lentē. "Ego et pater meus in lītore... Nōn, in īnsulā... Nēsciō..."

"Unde es?" quaerit pater.

"Athēnīs, sed in Crētā nunc habitāmus."

"Quid est nōmen tibi?" persistit pater īrātus.

"Īcarus" respondet puer cōnfīdenter.

"*Iocāris* nunc tū!" clāmat pater puerō.

Īcarus nōn intellegit. Is puer summā audāciā cōnfīdentiāque est, sed nunc timet. Puer trīstis et cōnfūsus est. "Adiuvā mē, *quaesō*," dīcit puer virō. "Ubi est pater meus?"

Vir fīliae suae dīcit, "Is *bene* graecē loquitur..."

Īcarus iterum, "Potesne mē adiuvāre?" rogat.

Clāra implōrat, "Pater, dēbēmus adiuvāre!"

"Quid est nōmen patrī tuō?" rogat vir.

"Daedalus," dīcit puer. "Meus pater maximus inventor Athēnīs est."

Pater Clārae rīdet. Is nunc intellegit. Fīlia sua iocātur et puer eam adiuvat. "Manē domī, Clāra. Et tū, *Īcare*, venī mēcum." Clāra patrem suum Īcarumque trīstē spectat. Pater iānuam aperit.

Pater Clārae puerum raedā ad lītus dūcit. Vir et puer dēscendunt. Īcarus, trīstissimus, ad mare lentē ambulat. Puer sōlem aquamque spectat et murmurat, *"Ubi es, pater?"*

Pater Clārae puerum spectat et audit. Is vult puerum adiuvāre, sed nōn potest crēdere. Īcarus nōn puer in Flōridā sed persōna mȳthologica est.

Subitō, vir aliquid in lītore videt. Pennam videt, deinde alteram, deinde multās aliās. Pater lentē ambulat et pennās sūmit. Tandem aliquid amplius videt — duās magnās *ālās*.

CAPITVLVM QVÁRTVM

Tempus fugit — Publius Vergilius Marō

Clāra domī in sellā cōnsīdit et tēlevīsiōnem spectat. Ea trīstissima est. Pater Clārae subitō iānuam aperit. Clāra trīstē, "Salvē..." murmurat.

Deinde Īcarus domum intrat. Clāra cito surgit et ad puerum currit. "Īcare!" clāmat puella laeta.

"Sīc, Īcarus," respondet pater, quī pennam puellae dat.

"Crēdisne *nunc*?" rogat Clāra.

"Crēdō. Sed quid facimus? Quōmodo hunc puerum adiuvāre possumus? Is ā *Graeciā antīquā* venit. Quōmodo eum Graeciam antīquam, *ad saeculum ēius*, dūcere possumus?"

"Māter est physica," respondet Clāra. "Ea adiuvāre potest."

"Māter tua archaeologa est, et nunc in *mūsēō* labōrat. Ea ruīnīs pictūrīsque antīquīs studet."

Clāra trīstis est. Puella ab Īcarō placidē quaerit, "Quōmodo nōs tē adiuvāre possumus? Quōmodo tē Graeciam, ad saeculum tuum, dūcimus?"

"Nēsciō..." respondet Īcarus. "Omnia aliēna sunt. Sōlum dī immortālēs nōs adiuvāre possunt."

"Dī immortālēs?!" rogat pater Clārae.

"Sīc," respondet Īcarus cito. "Dēbēmus templum invenīre. Deōs ōrāre dēbeō. Deī mē adiuvāre possunt.

Pater, *"Templum?"* quaerit. "Nōn sunt templa in hōc saeculō, nōn in Flōridā. Nōs deōs graecōs antīquōs nōn ōrāmus."

Īcarus nōn intellegit. *Nōn sunt templa? Cūr hī hominēs deōs nōn ōrant?* Nōn potest deōs ōrāre, et deī nōn possunt adiuvāre.

Clāra cōgitat. Tandem, "Est templum! Nōn in Flōridā, sed in Nasburgō, in Tennesiā!" clāmat. "Templum est prope mūsēum in quō labōrat māter mea. Parthenon vocātur."

"*Parthenon?*" quaerit Īcarus. "Parthenon est templum Athēnae. Ego Athēnam, deam summā scientiā, ōrāre possum. Ea potest mē adiuvāre!"

Pater Clārae dīcit, "Parthenon autem *in Nasburgō* est. Et māter tua..."

"Nōlī timēre, pater!" dīcit Clāra. "Nōs dēbēmus Īcarum adiuvāre. Deī eum adiuvāre possunt. Nōs ad Nasburgum volāre dēbēmus!"

Pater Clārae dubitat. Clāra puerum laetum vocat, "Venī mēcum!" et ad iānuam cito currit.

"Quō curritis?!" clāmat pater stupefactus. Est sexta hōra post meridiem!"

"Ad āëroportum, deinde ad Nasburgum!" clāmat Clāra. Iānuam aperit et ad raedam currit.

Pater Clārae clāvēs tēlephōnumque sūmit et ad iānuam cito ambulat. Is in raedam ascendit et tēlephōnum fīliae suae dat. "Vocā mātrem tuam. Ea mihi nōn crēdet."

Pater Clārae ad āëroportum cito agit. Īcarus circumspicit. Āëroportus similis forō magnō est. Multī hominēs ambulant et loquuntur. Puer tabernās et popīnās videt — et raedās magnificās cum ālīs magnīs. "Hic locus, *quidnam est?*" quaerit Īcarus.

"Āëroportus est," explicat pater Clārae. "Nōs ad Nasburgum āëroplanō volāmus. Āëroplanum est... Est magna raeda cum magnīs ālīs. In caelō cito volat. Āëroplanō possumus cito volāre ad Tennesiam. Venī!"

Īcarus nōn intellegit sed in āëroplanum ascendit. Āëroplanum in caelum citissimē ascendit volatque. Clāra paterque suus dormiunt. Īcarus nōn potest dormīre. Is lūcem clāram sōlis videt. Eī placet volāre.

CAPITVLVM QVÍNTVM

Dūcunt volentem fāta — Lucius Annaeus Seneca

Clāra, pater suus et Īcarus ad āëroportum in Nasburgō decimā hōrā adveniunt. Fēmina ad patrem appropinquat et eī dīcit, "Salvē, Roberte. Quid agis?"

"Nōn male," respondet pater Clārae.

"Salvē, māter!" vocat Clāra laetissimē. Puella ad mātrem suam currit. "Quid agis?"

"Bene," respondet fēmina. "Et tū, quid agis?"

"Optimē!" rīdet Clāra, puerum dēmōnstrāns. "Hic est Īcarus, amīcus meus."

"Salvē, Īcare," dīcit fēmina graecē.

Īcarus stupefactus fēminam spectat et, "Salvē!" graecē respondet.

Pater Clārae fēminae murmurat, *"Crēdisne?"*

"Nēsciō," respondet fēmina. "Vidēbimus..."

Fēmina puerum rogat, "Quaerisne templum? Venī. Ego tē ad Parthenōnem dūcere possum."

Īcarus cum familiā in raedam ascendit. Māter Clārae per urbem agit. Nasburgum urbs magna est. Īcarus magnās turrēs, magnās viās, multāsque raedās aliēnās videt. Flūmen videt. Est colosseum magnum iuxtā flūmen.

"Illud flūmen Cumberlandēnse vocātur," explicat Clāra.

Nox est, sed multī hominēs per viās ambulant. Aliī in viīs cantant. Īcarus multam mūsicam, mūsicam aliēnam, audit. Eī placet haec mūsica. Māter Clārae prope amphitheātrum magnum agit. Īcarus statuās magnās Mūsārum videt. "Estne illud templum?" quaerit puer.

"Nōn," dīcit māter. "Id nōn est templum sed amphitheātrum. Amphitheātrum Schermerhorn vocātur. "Templum in hortīs magnīs est."

"Ecce, Īcare! Est mūsēum in quō māter labōrat. Mūsēum Frist vocātur." Īcarus mūsēum spectat et cōgitat. Architectūra patrī suō bene placet.

Īcarus familiaque Clārae in hortōs Centēnāriōs intrant. "Hī hortī Centēnāriī vocāntur in honōrem fēstī centēnāriī Tennesiae," explicat pater Clārae. Īcarus autem nōn audit. Is templum per arborēs videt. Puer cito ē raedā dēscendit et ad iānuās templī currit. Iānuae clausae sunt.

"Est ūndecima hōra noctē, Īcare. Templum nōn est apertum," dīcit māter Clārae. Īcarus trīstis est. Is vult in templum intrāre et deōs ōrāre. "Sed nōlī timēre. Ego clāvem habeō!"

Māter Clārae clāve iānuās aperit. Īcarus et familia Clārae intrant. Īcarus magnam statuam Athēnae videt. Oculī Athēnae benevolī sunt. Athēna est dea magnā intelligentiā magnāque potestāte. Puer ad statuam cito appropinquat et pedem magnum bāsiat.

Pater mātrem Clārae placidē tangit et murmurat, "Crēdisne *nunc*?"

"Ego nēsciō. *Is* autem crēdit," dīcit fēmina.

Īcarus Athēnam ōrat. "Adiuvā mē, Athēna. Tū dea summā intelligentiā magnāque potestāte es. Adiuvā mē, quaesō. Ego patrem meum vidēre volō." Īcarus trīstis est. Oculōs Athēnae iterum spectat. Dea autem nōn respondet.

Puer trīstissimus iuxtā statuam magnam cōnsīdit et pedem magnum Athēnae tangit. "Adiuvā mē, Athēna. Quaesō. Tē ōrō."

Clāra, māter sua et pater suus trīstissimī sunt. Hic puer crēdit sē Īcarum esse. Is Athēnae crēdit. Patrem suum sōlum vidēre vult.

Īcarus subitō vōcem parvam audit. "Puer trīstis, ego possum tē adiuvāre."

Puer cito surgit et statuam magnam spectat. "Ego autem dōnum nōn afferō. Nūllum dōnum habeō," dīcit puer timefactus.

"Tū mē ōrās," dīcit vōx parva. "Tū *crēdis*. Hoc est dōnum tuum."

Clāra et familia nihil audiunt. Nōn intellegunt, sed lūcem clāram vident. Mox templum plēnum est lūcis clārissimae. Oculōs claudunt.

Clāra tandem oculōs aperit. Īcarus abest.

CAPITVLVM SEXTVM

Carpe diem — Quīntus Horātius Flaccus

Daedalus in caelō volāns ad terram lentē dēscendit. Ālās magnās dēpōnit et ad lītus cito currit. Vir trīstis filium suum iuxtā mare placidum quaerit. "Īcare, mī filī, ubi es?" vocat pater.

Daedalus filium suum nec in aquā nec in lītore videt. Is nec ālās filiī suī nec pennās videt. Pater timefactus iterum clāmat, "Īcare! *Īcare!* Ubi es?" Daedalus in lītore lentē ambulat. Trīstissimus est. Nōn potest filium suum invenīre.

Īcarus vōcem patris suī audit et oculōs aperit. Sōlem aquamque videt. Mare tranquillum audit. Puer cōnfūsus circumspicit. Vōcem patris iterum audit, et cito surgit. "Pater!" vocat puer.

Daedalus puerum audit et videt. Pater laetus ad filium suum currit. *"Īcare, mī filī!"* clāmat pater stupefactus. "Bene agis, mī filī! Dī immortālēs tē cūstōdiunt!"

Īcarus rīdet. "Sīc, pater. Nōlī timēre. Bene agō. Deī mē servant!" Īcarus laetissimus est. Īcarus paterque suus līberī sunt et bene agunt.

"Tē amō," dīcit Īcarus patrī suō.

"Et ego tē amō," respondet Daedalus. Pater laetissimus fīlium suum spectat. "Ecce vestīmenta *aliēna*! Ubi ea invēnistī?!"

Īcarus cōgitat. "Nēsciō," tandem respondet. Puer circumspicit. Clārissimam lūcem sōlis videt. Eī placet lūx clāra.

"Venī!" clāmat Daedalus. "Līberī sumus!"

Pater fīliusque rīdent et in lītore ambulant.

DICTIÓNÁRIVM

ā, ab *from, away*

abest *is gone*

ad *to, toward*

adiuvō *I help*

adveniō *I arrive, reach*

āëroplanum *an airplane*

āëroportus *an airport*

afferō *I bring, take*

agō *I do, drive,* grātiās ~ *I thank,* Quid ag(it)is? *How are you?*

āla *a wing*

aliēnus *strange, foreign*

aliquid *something*

alius *other*

alterus *another*

altissimē *very high*

ambulō *I walk*

americānus *American*

amīcus *a friend*

amō *I love*

amphitheātrum *a theatre*

amplius *more*

annus *year,* annōs nātus *years old*

ante *before,* ante meridiem *before noon (a.m.)*

antīquus *ancient*

aperiō *I open,* apertus *open*

appropinquō (ad) *I approach*

aqua *water*

arbor *a tree*

archaeologus *archeologist*

architectūra *architecture*

architectus *architect*

ascendō *I climb, ascend*

Asterius *the Minotaur's name*

Athēna *goddess of war and knowledge*

Athēnīs *in Athens*

audiō *I hear*

autem *but, however*

bāsiō *I kiss*

bene *well, fine*

benevolus *benevolent, kind*

bonus *good,* bonam fortūnam *good luck*

caelum *the sky*

canis *a dog*

cantō *I sing*

capiō *I capture, catch*

caveō *I beware*

centēnārius *centennial,* Centēnariī hortī *Centennial Park, a park in Nashville*

circumspiciō *I look around*

citissimē *very quickly*

cito *quickly*

clāmō *I yell*

clārus *bright*

claudō *I close,* clausus *closed*

clāvis *a key*

cōgitō *I think, ponder*

colosseum *a stadium*

cōnfidenter *confidently*

cōnfūsus *confused*

cōnsīdō *I sit down*

crēdō *I believe,* crēdet *will believe*

Crēta *Crete, a Greek island*

cum *with; while, as*

Cumberlandēnse flūmen *the Cumberland River, which flows through Nashville*

cūr *why*

currō *I run*

cūstōdiō *I guard, take care of*

Daedalus *an inventor*

dēbeō *I must*

decimus *tenth,* decimā hōrā *at ten o'clock*

deinde *next, then*

dēmōnstrō *I show, point out*

dēpōnō *I put down*

dēscendō *I descend, go down*

deus *a god,* dea *a goddess,* deī (dī) *gods*

dīcō *I say*

diēs *a day*

dō *I give*

domus *a house,* domī *(at) home,* domum *(to) home*

dōnum *a gift*

dormiō *I sleep*

duae, duo *two*

dubitō *I doubt, hesitate*

dūcō *I lead, bring, take*

ē, ex *out of*

ea *she; them;* eam *her*

Ecce! *Look!*

edō *I eat*

ego *I*

eī *to him, her,* eīs *to them*

ēius *his, her*

equus *a horse*

ergō *therefore*

es *you are*

esse *to be*

est *is, there is*

et *and*

etiam *yet, still, even*

eum *him*

ēvidenter *obviously, evidently*

explicō *I explain*

extendō *I extend, stretch out*

faciō *I make*

familia *a family*

fēmina *a woman*

fēstum *a festival, celebration*

fīlia *a daughter*

fīlius *a son*

flūmen *a river*

fortūna *luck*

forum *a forum, marketplace*

frāter *a brother*

frīgidārium *a refrigerator*

Frist *a museum in Nashville*

gēographia *geography*

Graecia *Greece*

graecus *Greek,* graecē *in Greek*

Grātiās! *Thanks!*

habeō *I have*

habitō *I live*

hī *these*

hic (haec, hoc, hōc, hunc) *this*

historia *history*

hodiē *today*

homō *a man, person*

honor *honor*

hōra *hour, o'clock*

hortus *a garden,* **hortī** *a park*

iānua *a door*

Īcarus *son of Daedalus*

ille *that, he;* **illud** *that*

immortālis *immortal*

implōrō *I beg*

in *in, on, into*

īnsula *an island*

intellegō *I understand*

intelligentia *intelligence*

intelligēns *intelligent*

interficiō *I kill*

intrō *I enter*

inveniō *I find,* **invēnimus** *we found,* **invēnistī** *you found*

inventor *an inventor*

iocor *I joke around*

īrātus *angry,* **īrātē** *angrily*

is *he*

-issimus *very*

iter *a voyage, journey*

iterum *again*

iuxtā *beside*

labōrō *I work*

labyrinthum *a labyrinth, maze*

laetus *happy,* **laetē** *happily*

lentē *slowly*

līber *free,* **līberō** *I free*

lingua *a language*

lītus *a beach*

locus *a place*

loquor *I talk, speak*

lūx *a light*

māchina *a machine*

magicus *magical*

magnificus *magnificent*

magnus *big, great*

malus *bad,* **male** *badly*

māne *in the morning*

maneō *I stay*

manus *a hand*

mare *the sea*

māter *a mother*

maximus *biggest, greatest*

mē *me,* **mēcum** *with me*

Mediterraneus *Mediterranean*

meridiēs *noon,* **ante meridiem** *a.m.,* **post meridiem** *p.m.*

meus *my*

mihi *to me, for me*

mīlibus post annōrum *thousands of years later*

Mīnos *king of Crete*

Mīnōtaurus *the Minotaur*

mōnstrum *a monster*

mox *soon*

multus *much, many;* **multīs post horīs** *many hours later*

murmurō *I murmur*

Mūsa *a Muse*

mūsēum *a museum*

mūsica *music*

mȳthologicus *mythological*

Nasburgum *Nashville*

-ne *(marks a yes/no question)*

nec *neither, nor*

nēsciō *I don't know*

nihil *nothing*

nōlī *don't (negative command)*

nōlō *I don't want*

nōmen *name,* **nōmine** *named;* **Quid est nōmen tibi?** *What's your name?*

nōn *not*

nōs *we, us*

novus *new*

nox *a night, night time*

nūllus *none, not any*

nunc *now*

octāvus *eighth,* **octāva hōra** *eight o'clock*

oculus *an eye*

omnis *all,* **omnia** *everything*

oppidum *a town*

optimē *best, very well, great*

ōrō *I pray (to)*

pānis *bread*

Parthenon *a temple of Athena (a full-scale replica can be seen in Nashville, TN)*

parvus *little, small*

Pāsiphaē *wife of Minos*

pastillum hamburgēnse *a hamburger (literally, a roll)*

patātae frīctae *fries (literally, fried potatoes)*

pater *a father*

paucus *few, not many*

penna *a feather*

per *through*

persōna *a character*

pēs (pedem) *a foot*

physicus *a scientist*

pictūra *a picture, painting*

placet: eī place(n)t *he likes*

placidus *gentle,* **placidē** *gently*

plēnus *full, filled*

popīna *a restaurant*

populus *a group of people*

possit *can, might be able to*

possum *I can*

possumus *we can*

possunt *they can*

post *after,* **mīliabus post annōrum** *thousands of years later,* **multīs post hōrīs** *many years later,* **post meridiem** *after noon (p.m.)*

potes *you can,* **potest** *can*

potestās *power*

professor *a professor*

prope *near*

puella *a girl*

puer *a boy*

quaerō *I search (for), seek, ask*

quaesō *please*

quārē *why*

quattuor *four*

-que *and*

quī *who*

quia *because*

quid *what,* **quidnam** *what in the world*

quīndecim *fifteen*

quīnque *five*

quis *who*

quō *where to,* **in quō** *in which*

quod *because*

quōdam diē *one day*

quōmodo *how*

quoque *also*

raeda *a car (literally, a carriage)*

rēgīna *a queen*

respondeō *I answer*

rēx *a king*

rīdeō *I laugh*

Robertus *Robert*

rogō *I ask*

ruīna *a ruin*

saeculum *era, time, century*

saepe *often*

Salvē(te)! *Hello!*

Schermerhorn *a neoclassical concert hall in Nashville*

scientia *knowledge, wisdom*

sciō *I know*

sculptor *sculptor*

sēcrētum *a secret*

sed *but*

sēdecim *sixteen*

sella *a chair*

septendecim *seventeen*

servō *I save, protect*

servus *a servant*

sextus *sixth,* **sexta hōra** *six o'clock*

sīc *thus, yes*

sōl *the sun*

sōlum *only*

soror *a sister*

spectō *I look (at)*

statua *a statue*

studeō *I study*

stupefactus *surprised*

subitō *suddenly*

sum *I am*

summā *of greatest*

sūmō *I pick up*

sumus *we are*

sunt *they are, there are*

surgō *I stand up*

suus *his, her*

taberna *a shop*

tandem *at last*

tangō *I touch*

taurus *a bull*

tē *you*

tēlephōnum *a phone*

tēlevīsiō *television,* **tēlevīsōrium** *television set*

templum *a temple*

Tennesia *Tennessee*

terra *the earth, ground*

tibi *to you,* **Quid est nōmen tibi?** *What's your name?*

timefactus *frightened*

timeō *I fear, am afraid*

tranquillus *tranquil, calm*

trīstē *sadly*

tū *you*

turris *a tower*

tuus *your*

ubi *where*

unde *where from*

ūniversitās *a university*

ūnus *one*

urbs *a city*

ut *like*

uxor *wife*

Valē(te)! *Goodbye!*

veniō *I come*

verbum *a word*

vestīmenta *clothes, clothing*

via *a road, street*

videō *I see,* **vidēbimus** *we'll see*

vir *a man*

vīs *you want*

vix *barely*

vocō *I call,* **vocātur** *is called*

volō *I fly*

volō *I want*

vōx (vōcem) *a voice*

vult *want*

SENTENTIAE